www.ingramcontent.com/pod-product-compliance
Lightning Source LLC
LaVergne TN
LVHW041107150826
845673LV00007B/1950

سيرةٌ ذاتيّةٌ لعاشقٍ مَنسيٍّ

شــعر

تنويه: في الأصل مختارات من دواوين الشاعر المنشورة

عارف الساعدي

سيرةٌ ذاتيّةٌ لعاشقٍ مَنسيٍّ

شعر

إصدارات دائرة الثقافة، حكومة الشارقة 2024 م

الناشر: دائرة الثقافة - حكومة الشارقة - الإمارات العربية المتحدة
الهاتف: 5123333 6 971+
البرّاق: 5123303 6 971+
الموقع الإليكتروني: www.sdc.gov.ae
البريد الإليكتروني: sdc@sdc.gov.ae

الطبعة الأولى 2024

811.9567
س ع. س   الساعدي، عارف
سيرة ذاتية لعاشق منسي/عارف الساعدي.- الشارقة، الإمارات العربية المتحدة: دائرة الثقافة، 2024.
130 ص ؛ 21x14 سم.
ديوان أحد الشخصيات المكرمة في مهرجان الشارقة للشعر العربي 2024.
1. الشعر العربي – العراق -دواوين وقصائد
أ. العنوان

ISBN: 978-9948-766-64-3

عارف الساعدي

عاشقٌ منسيٌّ في القصيدة

يستطيع العاشق وحدَه أن يستخرج كنوز مشاعره حين يبحر عميقاً في الوجد، ووحدَه يستطيع أن يجعل من الغوص في ظلمة المكابدة حياةً عامرةً بالظلال والاخضرار، فكيف إذا كان هذا العاشق منسيّاً في القصيدة؟ إنها حياةُ تأمُّل وقلقٍ وتساؤلٍ دائم، واسترجاعٍ لتاريخٍ من الوقار والسكينة الذي ربما أفضى إلى ندم، أو ربما إلى مراجعة واستدراك، وهو يقول في سرد هذه السيرة الذاتية:

فما الذي حلَّ بي؟ ماذا سـينفعني
هـذا الوقار؟ وعمري لم يزل قلقا
فـلا أنا يائـسٌ كي أسـتريحَ فتىً
أغوى النساء زماناً وانتهى ورقا
ولسـتُ يا ربُّ مّمنْ لـم يزلْ دمُهُ
يجري بعكسِ اتجاهِ القلبِ لو عشقا

ولذلـك تتميز تجربة الشـاعر العراقي عارف السـاعدي بالثراء الإبداعي المشحون بالقلق منذ بواكير بوحه وهو يتأمل

النهر في الظلمة بِصمتٍ، لكنّه لم يركن إلى الهدوء، فالقصيدة صاخبـة في داخله، تتفجـر ماءً يصافح الضفـاف، ويحتفي بالشجر والطير والناس، وينادي:

أيهـا الأبيـض فـي راياتِـهِ
عـدْ كمـا أنـتَ وكسِّـر نسـقَكْ
حُلْمُهـم أنْ تصمـتَ الآنَ فـلا
تصحـب الصمتَ وتنسـى ورقَك
وابتكـر للنهـر فجـراً ثمِـلاً
وطريقـاً لـم يشـابه طُرُقَـك
وافتـحِ الأرض علـى أبوابِهـا
واذبـح الآفـاقَ حتَّـى أفُقَـكْ

لقد اتّخذ من الرسم بالكلمات فُرشاةً للوحة بديعة، فيها الغيم الذي نسيَ ذات قصيدة أن يرسم له المطر، ففاجأه بانهمارٍ شعريٍّ كسّر لوحاتِه ليخرج منها كما يخرج الوليد إلى الحياة، وجَد في الطّين الذي مرّ به الانهمار حلماً، وأيُّ حلمٍ هذا الذي أوقفه حتى أزاح الطين عنه ليخرج إلى الوجود شجرة وارفة المعاني، باذخة الصور!!

رسـمتُ غيماً ولم أرسمْ له مطرا
لكنَّـه كسَـرَ اللوحـاتِ وانهمـرا
وفـزّز المـاءُ طينـاً كانَ مختبئـاً
في لوحتي ناطراً في صمتِهِ المطرا

وكانَ في الطينِ حلْمٌ لو منحتُ لهُ

وقتــاً نديّــاً لكانت لوحتي شـجرا

عارف الساعدي.. من الشعراء الذين تتناغم مفرداتهم الشعرية مع وجدانهم، وتلتحم بعصرهم، لكنها لا تنفصل في عراها عن تربتها التي نبتت منها، عن أصالتها العريقة وتراثها التليد، حتى وإن لبست ثوباً عصريّاً، إذ تستجيب حساسيته الجمالية لمعطيات الحس الإبداعي الإنساني، فهو يعيد تشكيل واقعه برؤية فلسفية مثالية للحياة، وهو من الشعراء الذين أسهموا في تكوين الذائقة الشعرية المعاصرة بثراء واقتدار، نظراً لأن لغته في نموذجها الفكري تتغنى بهامش الحرية، فهو مشغول بقضاياه الوطنية والانتماء للأرض والجذور، إذ يحلم الشاعر بجنة المستقبل من خلال ما يصوره مخياله الأصيل وهو يشق فضاء الروح بكلماته المرهفة حين يؤرخ لسيرته الذاتية، ويبوح في قصائده بأمثولاته المجازية ضمن مفارقاته المدهشة في أثناء السرد الشعري والوصف، وهو يقف على باب الحلم، ليبُثَّ لواعجَه وأشواقَه وحنينَه، ويروي بتلقائية عن حالاته المتناقضة حين يغوص في التعبير عن مكنون الذات دون وجل، وبحيوية نضرة، وتراكيبَ استثنائيّةٍ تتجلى في معظم قصائده.

وفي هذا الديوان الذي يحمل عنوان "**سيرة ذاتيّة لعاشق منسِيّ**"، ويصدره بيت الشعر في دائرة الثقافة بالشارقة، ضمن تكريم الشاعر في مهرجان "الشارقة للشعر العربي"

في دروته العشرين 2024، يعود عارف إلى عَبَقٍ مضاعف من قصائده الموزَّعة في دواوينه الشعرية، ليشكل منها مختارات تمثِّل فضاءً آخَرَ لما يتحرك في كيانه من حنين جارف للأشعار التي تشَكِّل وحدة هذا الديوان، فهي كلُّها تعبّر رغم تناثرها في مؤلفاته الشعرية عن تجربة واحدة في عالمه المتخيل، وسيرته بطابعها التوثيقي، وما تكتنزه من عفوية وتلقائية.

عارف الساعدي يقدّم ذاتَه للقارئ بكيفيات شعرية مقصودة ومكثفة في أثرها الجمالي، إنه الطوفان الشعري الذي يحركه، يحلم بنجاة أخرى، وبجوديٍّ آخر، وبولادةٍ لا تشبه سابقتها، يحلم بمَجَرّة تنعم بالجمال والسكينة والطمأنينة، وبصخب المحبة ووهج الإنسانية، يحلم بأن يكبَر الطفل وهو يرى الأشجار محتفية بالأطيار والأشعار، ولا يذهب صوته سدى في المدى وهو ينادي:

ناديتُهم كلَّهم هل في سفينَتِكم
كأنهم سمعوا صوتي وما سمعوا
ورحتُ أسأله يا شيخُ قسمة من
نجوت وحدك والباقون قد وقعوا؟
وهل سترتاح؟ هل في العمر طعم ندى؟
وأنت وحدك والصحراء تجتمعُ
وكيف تبدأ هذا الكون ثانية
وقد تركت الفتى والموج يصطرعُ

ولذلك تحتفي الشارقة بهذا الفيض من الجمال، مواكَبةً مع اختيار الشاعر للتكريم في جائزة الشارقة للشعر العربي في دورتها 12، والمنعقدة في مهرجان الشارقة للشعر العربي في دورته 2024/20، مؤكّدةً دورها في توثيق هذه النماذج الشعرية الحية، لتبقى مرجعاً معرفيّاً شعريّاً ذا قيمة إبداعيّة تنير الطريق للأجيال والباحثين عن الشعر الذي يتجدد ولا يخلع جلده، وهذه هي رسالة الشارقة المحتفية بالجمال والقصيدة.

محمد عبدالله البريكي

مدير بيت الشعر

ما لَمْ يَقُلْهُ الرّسام

رســمتُ غيماً ولم أرســمْ له مَطَرا
لكنَّــه كَســر اللوحــاتِ وانْهَمَــرا

وفَــزَّز المــاءُ طينــاً كان مُختبئــاً
في لَوحتي ناطراً في صَمتِهِ المَطَرا

وكان في الطّيــن حلْمٌ لو منحتُ له
وقتــاً نديّــاً لكانــت لوحتي شَــجَرا

لكنَّمــا انفرطــت ألوانُنــا فــإذا
هــذا الرّماديّ ليــلاً يصبــغُ الفُقَرا

لا لَوْنَ في اللّوْن كانت لوحتي وَطني
وكنــتُ أمتــدُّ فــي أحلامِــهِ حَذِرا

نهـرانِ طفـلانِ مرّ اللـونُ فوقَهما

فَرفرفـا واسـتراحا بعدَهـا كَبِـرا

وسافرا ما استطعتُ الآنَ مَسك يَدي

فإذ بنـا نعبـر اللوحـات والأُطُرا

مســافرون وإذْ لا شــيءَ يوقفُنـا

وخلفَنـا أنهـرٌ مخبولـةٌ وقُـرى

يا لَوْحةَ الوطنِ الصّوفيِّ من رَسم ال

مَعنى؟ وحمَّل أشجار الصِّبا حَجَرا

ومن تلـكّأ في الألـوان؟ وارتبكتْ

سـماؤه؟ فأراقَ اللـون واخْتَصَرا

إذ ليس من قمرٍ في الرّســم منشتلٍ

فكيـفَ أرضى برسـمٍ ناقصٍ قَمَرا

حزنـــي إذا أكمـل الرّســامُ لوحتَهُ

أعــافَ بيتــاً لــه أم ظـلَّ مُنْتَظِــرا

ينســى ويرســمُ والدُّنيــا تــدورُ به

وظلّ يرســمُ عُمْــراً يــأكلُ العُمُرا

لا بَيْــتَ تَســكُنُه ألــوانُ لَوْحتِــهِ

ولا مراســيَ حتّــى يُطفِئَ السَّــفَرا

رملُ الحكايــاتِ ذرّته الرياحُ على

باقي أمانيهِ حتّى اسَّــاقطت كُسَــرا

حتّى اســتفاقَ رصيفٌ في قَصائِدِهِ

لكنَّــه فقــد الأقــدامَ والبَشَــرا

هذا الذي ابتكرَ الإنســانُ مِنْ تَعَبٍ

وكان يــزدادُ حُزْنــاً كلَّمــا ابْتَكَــرا

وكان يرسُـمُ بُلدانـاً ينـامُ بهـا

لأنّ لوحتَـهُ مَملـوءَةٌ ضَجَـرا

أطفالُهـا لم يناموا منذُ أنْ رُسِـموا

فهلْ سيرسُـمُ نَوْماً مُشْـبِعاً وكَرى

وهـلْ سيرسُـمُ أمَّاً حِضْنُهـا وَطنٌ

ينـامُ فـي دفئهِ مَـنْ أدمنَ السَّـهَرا

أمّـاً تفيـضُ مَواويـلاً وأَدْعِيَـةً

وحيـنَ تَنْعـى وتَبْكي يَشْـبَعُ الفُقَرا

وكان يرسُـمُ بُلدانـاً ويَحْسُـدُها

وكان يَشْـتُمُ أهليهـا إذا نَظَـرا

لأنّـه رشَّ ريفـاً فـوقَ ضِحْكتِهـمْ

وكان يرسُـمُ طينـاً مورِقـاً صُورا

وكان يرسُمُ أبوابـاً مفتَّحـةً

للنـاس، يدخلُها مَنْ تـابَ مَنْ كَفَرا

الـكلُّ يدخـلُ مِـنْ أبـوابِ لوحتِـهِ

إلّاهُ ظـلَّ علـى الأبـوابِ مُنْتَظِرا

2006

قَلَق

عالـقٌ فيـكَ فهـادنْ أرقَـكْ
لا تكـنْ طفـلاً وتُخفـي قَلقَـكْ
كلُّ شـــيءٍ فيـك حــزنٌ جـارحُ
طردتــه النــاس حتَّــى عَشــقَكْ
أيُّهـا العالـقُ فــي أشـيائِهِ
ناسِــياً مــنْ كان أو مَــنْ لَحقَـكْ
التّفـاصيـلُ الـتـي تَجْـهَلُـها
حُـلُـمٌ أغــراك حتى سَـرقَـكْ
وعُيــونُ الأبريــاء افْتُضِحَـتْ
حــاســداتٍ ثــالـمــاتٍ ألـقَـكْ
أيّهــا الأبيـضُ فــي راياتِــهِ
عُــدْ كمــا أنت وكسِّــر نَســقَكْ

حُلْمُهُـم أنْ تَصمُـتَ الآنَ فـلا

تصحبِ الصَّمتَ وتنْسى ورقَكْ

وابتكـرْ للـنّهر فـجراً ثَمِـلاً

وطَريقـاً لـم يشـابِهْ طُرقَـكْ

وافْتَـحِ الأرضَ علـى أبوابِهـا

واذْبَـحِ الآفـاقَ حتَـى أُفُقَـكْ

***

أيّـهـا الـطّـالـع مـن أحـزانِـهِ

وطـنـاً حُـلْـواً وفـجْـراً ثَمِلا

وطـنـاً يـولـدُ مـن أغـنـيـةٍ

داعبَتها الريـحُ حتـى اكْتَمَـلا

كـلّـمـا يـشـتـلُّـه أبـنـاؤه

كان يخضـرُّ فيُـرْوى قُبَـلا

بغداد 2003

سيرةٌ ذاتيّةٌ لعاشق مَنْسِيّ

بنـا مـن الحـزنِ مـا يكفـي لنَتَّفقا

لـكَ البِحارُ ولي أنْ أشـرحَ الغَرَقا

أنـا المُعلَّقُ فـي عَيْنَيْكَ خُـذْ مُقلي

لكـيْ تنـامَ، وخُـذْ قلبـي لِتَحْتَرِقـا

وخُـذْ هوائـي، أنا المَنفـيُّ في رِئَةٍ

مخنوقـةٍ، قبَّلـتْ كـفَّ الـذي خَنَقا

فبي سـؤالُك، بي مَنْفاكَ، بي طُرُقٌ

لا تَنْتهـي، وضَبـابٌ بَعْدُ مـا خُلِقا

متـى تُصـدّقُ أنّي مُرْبَـكٌ، وعلى

فمي من الليل، ما يُشـجي إذا نَطَقا

متى تُصدّقُ؟ هذي الأربعونَ جَزَتْ

لا تزعلـنْ.. بكَ بعد اليـومِ لن أثِقا

فمـن تُـرى جمَّع الأعمارَ فـي يَدِهِ

وكلَّمـا جـاءَ مـن أعمارنا سَـرَقا

فيكبرُ الوقتُ من حولي، فكيف؟ متى؟

أرمّـمُ الطفـلَ في روحـي لأنطلِقا

لأسـتعيدَ الأغانـي والنّسـاءَ معـاً

وأسـتعيدَ الفتى المغـرورَ والنَّزِقا

فما الـذي حلَّ بي؟ ماذا سَـينفعُني

هـذا الوقارُ؟ وعمري لَـمْ يَزلْ قَلِقا

فـلا أنا يائـسٌ كـيْ أسـتريحَ فَتىً

أغوى النِّسـاءَ زماناً وانْتهى وَرَقا

ولسـتُ يـا ربُّ مِمّنْ لم يـزلْ دمُهُ

يجري بعكسِ اتّجاهِ القلبِ لَوْ عَشِقا

فمـا الـذي حَـلَّ؟ لا شـيخٌ فأتْرُكُه

ولا فتـىً للنّسـاء الظامئاتِ سَـقى

نبقـى نـراودُ ذِكْـرى أو مُغامـرةً

أو قُبْلـةً تركـتْ أَشـلاءَها مِزَقـا

نظـلُّ بـابَ حكايـاتٍ تُراوِدُنـا

أسـرارُه، لا فَـتَحْناه ولا انْـغَـلَقا

أطـلالَ عُشّـاق ألقَتنـا مواسـمُنا

حَمْقى نَضِجنا، ولم نعرفْ لنا طُرُقا

حَمْقى كَبِرنا، وصادَفْنا على عَجلٍ

مغفَّـلا، ثـمّ سِـرنا نَـذْرعُ الأُفُقـا

وحينَها، وانتصـــافُ البحرِ يدرِكُنا

لا نُحْســـنُ العومَ، لكــنْ نُتقِنُ الغَرَقا

ونَخْتفـــي خلفَ أوهـــامٍ، وتَسْـــرِقُنا

نصـــفُ الحكايةِ لم نُكمـــلْ لها عُنُقا

العاشـــقونَ القُدامـــى نحـــنُ، فاجَأَنا

حَنيـــنُنا فركـــبْنا غَـــيْمَنا القَـــلِقا

نتيهُ في زحمةِ الأجْراس، تَسْـــرِقُنا

ضِحْكاتُهـــنَّ، فنَنْســـى أنَّنـــا طُلَقـــا

وربَّمـــا ســـوفَ نُغويْهـــنَّ ثانيـــةً

وســـوفَ يصطادُ مَنْ فـــي قلبهِ وَثِقا

2017

آتٍ

آتٍ إلــيَّ وإنْ لَــفَّ السّــنينَ كــرى
وإنْ غفا هاجسي في الرّيح أو عَثَرا
آتٍ وفــي مُقْلتي فجرٌ وفي شَــفتي
هذا الذي يغزِلُ الأنهارَ والشَّــجرا
آتٍ ألُمُّ عيونَ الشــمسِ حيثُ رَمَتْ
عيونَهــا وأدارتْ خدَّهــا صَعِــرا
آتٍ لأزرعَ فــي أنفاسِــها مُقَــلاً
كي يَعلموا أنَّ شمسَ الجائعين تَرى
وكان لــي وطــنٌ بَلَّلْــتُ جَبْهتَــه
بالمستحيلاتِ كيْ يجري إباً فَجَرى

آمنــتُ بالبحــرِ يَغْفو فــي أصابعهِ

ويســتفيقُ علــى أحداقــهِ مَطَــرا

آمنــتُ بالمــدُن السّــمراءِ شــامخةً

تمشــي وتورقُ مــن أقدامهِنَّ قُرى

آمنُــتُ بالوَطنِ المَذبــوحِ فوقَ فَمي

آمنــتُ آمنــتُ حتّــى قيلَ قَــد كَفَرا

وبعــد أنْ ذبُلَ الشّــلالُ فــي قَمَري

ودبَّ هَمْــسُ انطفاءٍ فيه وانْتَشَــرا

وســالَ لَيْــلٌ، مَفــازاتٌ أســاورُهُ

إذْ عَيْنُهُ غابَــةٌ، والجوعُ فيهِ عُرى

نفضــتُ جُرحــي فأغْرانــي تكبُّرُهُ

واستيقظتْ شُرفاتٌ قَدْ غفتْ عُصُرا

أنــا وإيّــاي مَــنْ أيقظــتُ جَذْوتَهم

فَقَــدْ أرقــتُ علــى أســوارِهم قَمَرا

أنــا وإيّــاي حلْــمٌ كَــمْ أؤَجِّلُــه

ومُســتحيلٌ على الأعناقِ قــدْ كَبِرا

أســماؤنا كالعَرايــا مَــنْ سيُلْبِسُــها

صوتَ المُغنّي إذا صارَ الفتى حَجَرا

فَيْــروزُ أوّل حُــزْنٍ فــي طفولتِــهِ

قــدْ علّمتــه أنيــنَ النّــاي والسَّــفَرا

أنــا وإيّــايَ مَــنْ أخفــى أمانِيَــهُ

تحتَ التّرابِ ثريّاً في غضونِ ثَرى

مُحمَّــلٌ بالعراقيّيــن مــن زَمَــنٍ

محمَّــلٌ بالدِّمــا والطّيــنِ والفُقَــرا

أمْضي فتَحْترقُ الصّحراءُ في سَفَري

معي عَصاي، رَمَيْتُ الغَيمَ فانْكَسَرا

معـــي أنـــا وَحْدَنـــا، والبَحْرُ يشـــربُنا

حتّـــى رســـمنا علـــى أكتافـــهِ جُزُرا

حُزني بحجمِ انتظارِ النَّخلِ في وَطني

لكنّنَـــي كلّمـــا أُوذيـــتُ زِدْتُ ذُرى

1998

مُدوّنة الرّمل

دافئاً كان وادي السّلامْ
واسعاً كان قبر الفتى
أوّل الأمْرِ

والمخدَّةُ رملٌ قديمٌ
ولكنّهُ ناعمٌ رملُ وادي السّلامْ
وكأنَّ الفتى نائمٌ فوق ريش النَّعامْ

أنزلوهُ ببطءٍ
لكي لا يفزَّ من النّومْ

وشوشوا للرمالِ السخيَّةِ
ألّا تَعضَّ ملامِحَهُ

وأهالوا على وجههِ زمناً قاتماً
ودسّوا بأكفانه كيسَ أسئلةٍ
لا تَنامْ

هاهمُ الآنْ
ينفضونَ الرّمالَ التي عَلِقَت بأصابِعِهِمْ
ويرُشّون ماءً من الوردْ.
يُشعلونَ البَخورْ
ويعودونَ نحوَ منازلِهِم خائفينَ من الموتْ

ثمّ يَنْسَوْنَ صاحبَهُمْ
غافياً بين تلكَ القبورْ

ها أنا الآنَ وَحدي
أصدقائي القريبونَ منّي
اخْتَفَوْا

وصغاري الذينَ تعبتُ كثيراً عليهم
ينامونَ في أوَّلِ اللَّيلِ
والمَدينةُ تَغْفو
وتَغْفو شوارعُها الوادِعهْ.
وأنا بَعْدُ لَمْ أتعوَّدْ
على النّوم في السّاعةِ التاسِعَهْ

تُرى أينَ أذهبُ يا ربُّ
وأنا اعتدتُ أن أسهرَ اللَّيلْ
أتنقّل بينَ المَقاهي
وأضحكُ في صَخبٍ حافي القلبِ
حين ألمُّ المدينة في الأصدقاءْ
لا أحبُّ الهدوءَ
أحبُّ النّكاتَ
وأعشقُ كالكُحْلِ كلَّ النساءْ
وقليلاً من الشّايِ بعدَ العَشاءْ

أنامُ على صَدْرِ أمّي
وأضحكُ حين تقولُ كَبِرْتَ

أقولُ لها:

إنَّ طفْلاً تسلّلَ في داخلي واخْتفى

كَبِرَ النّاسُ من حَوْلنا

غَيرَ أني بقيتُ أفتّش عن ذلكَ الطِّفلْ.

وبقيتُ

بقيتُ

بقيتْ

كَبِرِ النَّاسُ في لحظةٍ

وأنا

مثلُ كلِّ الصَغارِ

نسيتْ.

أينَ أذهبُ يا ربْ

توقعتُ أنّي سأسكنُ بيتاً كبيراً

ولكنَّ بَيْتي الجديدَ

بدا يصغُرُ الآنَ

أسمعُ وقعَ المَطرْ.

وأسمعُ أقدامَ مَنْ رَحلوا

خائفينَ منَ اللَّيلِ

في المَقبرةْ.

الحياةُ الطويلةُ مرّتْ سريعاً

كبيتٍ من الشِّعْرِ

في امرأةٍ لا تُحبْ

وتذكَّرتُ أنّي قرأتُ
لدرويشَ يوماً جداريّةً
يتحدّثُ عن موتِهِ
وتذكَّرتُ أيضاً وقلتُ:
أهذا الذي كانَ درويشُ يحكي عليهِ
أهذا هو الموتُ يا ربُّ
مرَّ مفاجأةْ
ولمْ أتَهيّأ لرحلتِهِ المُتْعِبَةْ

وتذكَّرتُ أنّي وحيدٌ
فخِفتُ

وأبصرتُ في لحظةٍ كلَّ شيءٍ

وبلّلني الموتُ

حتّى انتبهتُ

وحتّى رأيتُ ملاكَيْنِ

في آخر اللَّيلْ.

يحفِرانِ التُّرابْ

دخلا فجأةً

دونَ أنْ يطرُقا أيَّ بابْ

فسألتُهُما

من تُرى أنتُما؟

ضِحكا من سؤالي كثيراً

وفي لَحْظةٍ

سَكتا

فارتبكتُ

وحاولتُ أسألُ ثانيةً

غيرَ أنّي بحثتُ عن الكلماتْ

في جميع اللُّغاتْ

لم أجدْ أيَّ حَرفٍ

يبلّلُ وجهَ السُّؤالْ

وكأنّي ولدتُ بلا لغةٍ

وبكيتُ بلا دمعةٍ

وجرّبت مَوتَيْنِ في لَحظةِ الإحتمالْ

سكتا فجأةً

ثم قالا تعالْ

إلى أين أذهبُ يا ربْ
وكنت أظنُّ بأنّي سأرتاحُ في سَكَني
تنقّلتُ بين البيوتِ كثيراً
وكنتُ مَلِلْتُ التّحولَ
ما بَيْن دارٍ ودارْ
لهذا استرحتُ كثيراً ببَيْتي الجَديدْ
وقلتُ سأغفو طويلاً
فلنْ يَكسِرَ الصِّبْيةُ العابثونَ
النّوافذَ
أو يطرُقوا البابَ كي يَهْربوا
أو يجرحوا وَجْهَ سُدْرتنا
بالحِجارْ

وتذكَّرتُ أنّي سمعتُ حديثَ عَجوزٍ
تقولُ لنا:
إنّ مَنْ ماتَ أو مَنْ سيُدفنُ
قربَ عليٍّ
سيغفو طويلاً
لأنّ البيوتَ بجيرانِها
يا صِغارْ
وها أنا جارُكَ
يا سيّدي
أسمعُ الآنَ صوتَ أذانكَ في الفَجْرِ
وهو يبلّلُ أرواحَنا المُتْعَبَة
يتسلّلُ عبرَ القُرى والبيوتِ القَديمهْ

وأرى النّاسَ تَنْهضُ من مَوْتِها

كُلَّ فَجْرٍ

وتركُضُ مُسرعةً للصّلاةِ وراءَك

حاولتُ أن أشبِهَ النّاس في مَشْيِهم

وأتبَعُهم كي أصلّي خلفَكْ

فقد قالَ لي أحدُ السّاكنينَ القُدامى

جِواري

بأنّ الصّلاةَ وراءكَ

تشبهُ ثوباً جديداً

يوزَّعُ في ليلةِ العيدِ

لِلْمُتَعبينْ

واليَتامى

ولكنّني كنتُ أمشي وأعثُرْ

كنتُ أرْكضُ أرْكضُ أرْكضُ

لكنّني لم أصِلْ

مسجدَ الكوفةِ المُشْتَهى

ولكنّني كنتُ أرْكضُ في اللّيلِ

أرْكضُ في الفَجرِ

أركضُ قبلَ الأذانْ

أرْكضُ ما بيْن روحٍ وروحْ

أرْكضُ فوقَ القبور

أصيحُ على مَهلٍ

فانْتَظِرني

لماذا المَسافةُ تكبُرُ ما بَيْننا؟

ولماذا المَفارِزُ تَمْنعُني "للوصولِ إلَيْكَ"؟
لماذا أجوعُ وأعْطشُ
والماءُ مِلءُ يَدَيْكَ؟

صرختُ
فأسكتَني حَرسٌ فوقَ بابي
وثانيةً بلّلوا صَرْختي بالغِيابِ
ففي أيِّ كفٍّ
سأنثرُ دَمْعي
وفي أيِّ وجهٍ
أرشُّ عتابي

أنا المُوثَقُ الآنَ بَين اثْنتَيْنْ
وَحْشتي واضطِرابي

قُمْ
قالها أحدُ الواقفينَ على القَبْرِ:
لَمْلِمْ حقيبةَ موتِكَ ثانيةً
لتغادرَ هذا المكانْ
لماذا؟
لأنّكَ بلّلْت هذي الرّمالْ
بذنوبٍ ثقالْ
فارحل الآنَ عنْ رملِ وادي السّلامْ
صامتاً

حافياً

فالجميعُ نيامْ

وإيّاكَ أن توقِظَ النَّاسَ

من موتـهمْ

فالجميعُ نِيامْ

2013

اقْترفْتُ العِراق

منــذُ أنْ قيــلَ حُزنُــهُ لا يُجارى

ذَرفَ النَّهــرُ دَمْعَــهُ وتَــوارى

واخْتفى العُشبُ من يدَيْهِ وتاهتْ

ضَحَـكاتٌ على شِــفاهِ الحَيارى

أيقــظَ النَّهــرَ مَــرةً بعــدَ أخرى

فنعاسُ الأنهارِ شَــيبُ صَحارى

وإذا طَــالَ نومُــهُ فَــدعِ النَّــه

رَ كَسـولاً وأيـقِـظِ الأشـجارا

واقتــرحْ بُلبــلاً يُغَنّــي عليهـا

وعَصـــافيرَ نادَمَتْــها مِرارا

فالعصافيـرُ وَحْدَهـا يا صديقي

بالمناقيـرِ قَـدْ سَـحَلْنَ النّهـارا

قَدْ غسـلْنَ الصّباحَ طِفلاً خَجولاً

ومَسَـحْنَ النُّعـاسَ عنـهُ فَطارا

هكـذا يولَـدُ الصّبـاحُ ولكـنْ

بانتظـارِ الصباحِ مِتْنـا انْتِظارا

ونَذرْنـاهُ عُمْرَنـا ثُـمّ قالـوا

قَـدْ نذرتـمْ لِلَيْلِـهِ أعْمـارا

خَلَـصَ العُمْـرُ بالنّـذورِ فمِمَّنْ

نسـتدينُ السّـنينَ حين تُوارى؟

ولمـاذا نظـلُّ نَنْـذُرُ عُمْـراً

قَـدْ وَفَيْنـاهُ منـذُ كنّـا صِغـارا

وكَبِرنـــا وظَــلَّ فينـــا ســؤالٌ

ونَســينا فمــاتَ فينــا انْكِســارا

تــاركاً فــيَّ عُشــبةً مــن ظُنونٍ

فــي عيونـي وصَفْنَةً مِنْ حَيارى

رحَــلَ العُمْرُ كالدُّخانِ وشــابَتْ

أُغْــنِياتي تَوَجُّــساً واصْفِرارا

فالمواويــلُ أوْرثَتْــنا انْكســاراً

والتفاصيلُ بَعْثَرَتْــنا غُــبارا

والوجــوهُ الّتــي تَمُــرُّ أمامــي

شَــبحٌ يــورثُ الــرّدى والدَّمارا

سَــرقوا غَيْمَنـــا فقيــلَ جَفــافٌ

وصَرَخْنــا فلَمْلمــوا الأمْطــارا

يا سَماواتُ هَلْ رأيتِ الغَيارى؟

أكلـوا قَمْحَنـا وصَلّوا سُـكارى

وإذا مـا سـألتِهِمْ عـن بِـلادي

ندمـوا مَـرّةً وعاشـوا مِـرارا

أيُّهـا المَـوْجُ لا تكُـنْ.. وتمَهَّلْ

حوبـةُ الطينِ قـد تُـوَرِّثُ نارا

وتصفّـحْ دفاتـرَ الوطـنِ الـمُ

رِّ كثيـراً وقَلِّـبِ الأسـرارا

ستَرى الأرضَ قبل هذي اللّيالي

مَلكوهـا وغادَروهـا أسـارى

صَبَـرَتْ مُذْ رأيـتُ يَنْحتُ فيها

ذلـكَ الجـوعُ قريـةً وديـارا

نَحَـتَ الخَوفُ شـارعاً فَمَشَـيْنا

ووصلْنـا رصيفَـهُ فاسْـتَدارا

ورَجعْنـا نَلُـمُّ منـهُ خُطانـا

فعَثَرْنـا نوارسـاً وحُبـارى

واقترفـتُ العِـراقَ منـذُ حَنينٍ

وذُنوبـي جَميعُهُـنَّ عَـذارى

بغداد 2006

قيلَ منْفى

قيلَ مَنْفى

فقُلْنا احجزوهُ لنا

ربّما سنغادرُ ثانيةً لبلادٍ ستحفظُ أسْماءَنا

وقيلَ البلادُ؟

فقُلْنا سنتركُ هذي البلادَ التي لا تسامحُ أخْطاءَنا

وقيلَ النِّساءُ؟

فقُلْنا سنعشقُ ثانيةً

وانْكسرْنا على حُزْنِنا مُتعَبينْ

فهلْ ظَلَّ في العُمْرِ من جَمرةٍ

كيْ نعودَ لأرواحنا عاشقينْ

عَشقنا وكانتْ مواسِمُنا مُطفأةْ

وقُلنا سنركلُ هذي الحروبَ

فقدْ يَغسلُ الحربَ صوتُ امرأهْ

وقدْ تَستفيقُ البساتينُ من نَوْمِها

ثمَّ تزرعُ خَصْراً منَ النَّهْرِ

حولَ شُجَيْراتِها المُرْجاْهْ

هي امرأةٌ

حينَ تعشقُ تَصْفو

كأدعيةِ الأمَّهاتِ الحَزيناتِ عندَ الغروبْ

فهي دافئةٌ كالعِناقْ

وهي صاخبةٌ مثلُ هذا العراقْ

قيلَ مَنْفى

فقُلْنا وَطَنْ

وقيلَ الوَطَنْ

فقُلْنا مَنافٍ مُبعثرةٌ وبقايا كَفَنْ

إذاً سأغادرُ هذي البلادْ

فلا تَزْعلوا أيُّها الأصدقاءْ

وأنا سَوفَ أنْطركم كُلَّ يَوْمٍ

وأزرعُ عَيناً على دربكُم إثرَ عَينْ

لنصنعَ منّا بلاداً بلا رافِدَيْنْ

بلا نَفْطْ ...

لا أوْلياءَ... ولا أضْرحَهْ

ونُحْرِقَ تاريخَ كلِّ البلادْ

فتاريخُها مولغٌ بالدِّماءِ مَعَ الأسئلَهْ

إذنْ سوفَ نَبْني بلاداً

ونَغْفو ولو لَحظةً في يَدَيْها

ونكتبُ أشعارَنا من جديدٍ إلَيْها

بلاداً نعيشُ بأحضانِها

شرطَ ألَّا نموتَ عَلَيْها

إذن سوفَ أبني بلاداً وأرحَلُ عَنْها

فلا تَسمحوا لدعيٍّ جديدٍ يرشُّ وصاياهُ

في طينكُمْ

ولا تسمعوا واعظاً في الطّريقِ

فهذي البِلادُ لكمْ وَحْدَكم فادْخُلوها

وصلُّوا وغنُّوا وشُمُّوا الزّهورَ ولا تقطَعوها

ولا تسمَعوا أيَّ أغنيةٍ من أغاني البلادِ القديمهْ

دعوا يا "حَسافهْ"

دعوا يا "حريمه"

وإنْ كانَ لا بُدّ من مقطعٍ يَغْسلُ الذاكرهْ

فخذوا

(سَيِّرْ علينه الهوى، وجفّل بكايه الشوك)

سأرسمُ أنثى عراقيّةً تَستحي مِنْ خَيالِ ابنِ جيرانَها

وتُداري أنوثتَها بالثيابِ العريضةِ يَوْماً

ويَوْماً تُداري أنوثَتَها بالخَجَلْ

سأرسمُ نهْراً صغيراً

يمرُّ بحاراتِنا في النّهارْ

نَهْراً صغيراً صغيراً صَغيرْ

فما نفعُ دِجْلةَ يا صاحبي

وهيَ تَشربُ أجسادَنا

ثمَّ تلقي بقمصانِنا للضِّفافْ

بغداد 2007

الطّوفان

نادَيتُهُ وخيوطُ الصّوتِ ترتَفِعُ
هل في السفينة يا مولايَ مُتَّسَعُ
ناديتُهُم كلَّهم هلْ في سفينَتِكم
كأنّهم سَمِعوا صَوْتي وما سَمِعوا
ورُحتُ أسألُهُ: يا شيخُ قِسمةُ مَنْ
نَجَوْت وَحْدك والباقونَ قد وَقَعوا؟
وهلْ سترتاحُ؟ هل في العُمرِ طعمُ ندىً؟
وأنْت وَحْدَكَ والصَّحراءُ تجتَمِعُ
وكيف تبدأُ هذا الكَوْنَ ثانيةً
وقد تركتَ الفتى والمَوْجُ يَصْطَرِعُ

أنــا صغيــرُكَ، أقنِعنــي وخُــذْ بيَــدي

أم أنــتَ بالمَــوْتِ والطّوفــانِ مُقتَنِــعُ

المــاءُ يــأكلُ أحْداقــي وتُبصِرُنــي

كيــفَ اســترحتُ وعَيْنــي ملؤُهــا هَلَعُ

وهَــلْ ســتذكرُ قبلَ المَــوْتِ كيــفَ دَنا

عَيْنــي تَضيــقُ وعَيْــنُ المَــوْتِ تَتَّسِــعُ

وهَــلْ تنــامُ وفــي عَيْنَيْــكَ نابتَــةٌ

عــيونُ طِفــلــكَ والألــعــابُ والـمُــتَـعُ

أمْ ســوفَ تنســاهُ مَزروعاً بخاصِرة ال

طّــوفــانِ يركلُهُ الـطّــوفــانُ والـفَــزَعُ

يــا شَــيْخَ ذاكرتــي الأولــى ويــا أبَتي

ويــا الّــذي ضــاقَ بي تقــواهُ والــوَرَعُ

أكتافُـك السُّــمر يــا ما قَـدْ غَفَـوْتُ بها

وصَــدْرُكَ الفـرحُ المَنْســيُّ والوَجَـعُ

كُلُّ التّفاصيـلِ مــرَّتْ فــي مُخَيِّلَتــي

البيـتُ والأهْـلُ والأشــجارُ تَجْتَمِـعُ

صَــدى غَراماتــيَ الأولــى وأسـئلَتي

والقُبلَــةُ البِكْـرُ والأسـرارُ والخِـدَعُ

مَرَّتْ ســريعاً علــيّ النّــاسُ والْتَصقوا

فــي دَمْعتــي وعَلانــا الموجُ فانْشَـلَعوا

كُلُّ الحكايـاتِ يـا مَــوْلايَ تُبْصِرُهـا

وتَــزْدريــهـا لـهذا حُـزنُـنـا جَشِـعُ

أنــتَ الْ ذَهَبْـتَ بَعيـداً مِــنْ مَواسِـمِنا

لتصنَــعَ الكــونَ لا خَـوْفٌ ولا طَمَـعُ

مــاذا صنعــتَ وهــذي النّــاسُ ثانيــةً

مِــنْ كُلِّ ليــلٍ إلــى سَــوءاتِهم رَجِعــوا

صاغــوا مَلامــحَ مَــوْتٍ لا يَليــقُ بنــا

وحُزمــةً مِــنْ مَنــافٍ فَوْقَنــا وضَعــوا

وأورثــوا كُلَّ شَــيْبِ الأرضِ فــي دَمِنا

مِتْنــا كثيــراً وقالــوا مَوْتُكُــم جَــزَعُ

لأجــلِ مَــنْ أنتَ يــا مَــوْلاي تَرْفُضُني

لأجلِهــم؟ أكلــوا الدُّنيــا ومــا شَــبِعوا

وهــا هُــمُ زرعــوا الأنْهــارَ خَيْــطَ دَمٍ

وكَــمْ حَصَدْناه في صَمْــتٍ وكَمْ زَرَعوا

مــاذا صَنَعْــت إذَنْ يــا كَهْــفَ أدْعيتي

كُـلّـي سـؤالٌ وشَـكّـي كُـلُّـهُ بُـقَـعُ

هـل اقتنعـتَ بهـذا الكـونِ يـا أبَتـي

أمْ نَهْـرُ حُـزنٍ لهـذا الشّـيبِ يرتَفِـعُ

يـا كَـمْ بكيـتُ عَليـكَ الآنَ أيَّ بُكـىً

فقـدْ غرقـتَ كثيـراً عندمـا طَلَعـوا

إنّـي لأُبْصِـرُ فـي عَينيـكَ يـا أبَتـي

أشـجارَ خَـوْفٍ بـلا خَـوْفٍ ستُقتلَعُ

وقـد رأيْـتُـكَ نـدمـانـاً ومُـنْـكسـراً

وفَـوقَ حُزنِكَ يَـنْمو سُكَّرٌ وَرِعُ

نـحـتـاجُكَ الآنَ لـلـطّـوفـانِ ثانيةً

فـربَّـمـا نِـصْـفُ طـوفـانٍ ونَـنْـتَـفـعُ

فاصنـعْ سَـفينتَكَ الأُخْرى وخُـذْ بِيَدي

فـإنّـنـي الآنَ بـالـطّـوفـانِ مُـقْـتَـنِـعُ

2009

كُرّاسة للرسم

ما ظـلَّ مِن حجري ومِـنْ كَلماتي
أشـلاءُ أغنيـةٍ وحُـزنُ رُعـاةِ
وإذا اخْتَفى شَـجَرُ الحِكايةِ مِنْ يَدي
فـعلامَ ألـبسُ جـبّـةَ الحَكواتي
وعـلامَ أروي قِصَّـةً مَثقوبـةً
مَـرَّت عليهـا النّـاسُ دونَ رُواةِ
لم تَبـقَ في الـكأسِ القديـمِ حِكايةٌ
تُغْـري ولا فَجْـرٌ علـى الكَلِمـاتِ
صحـوٌ بليـدٌ في الشـوارعِ يَرتمي
وحـكـايـةٌ مَـعـروفـةُ الـخُـطـواتِ

ومدينــةٌ هَرمــتْ بــلا شُــرفاتِ

وقــرىً قديمــاتٌ علــى قَسَــماتي

قبّلتُهــا مُــذْ كانَ فَجــراً ناسُــها

وســجدتُ فــي أبوابِهــا سَــنَواتِ

ونَسـيتُ أنَّ الوَقـتَ ضَوْء فراشــةٍ

فَرَجِعْــتُ لا فَجْــري ولا صَلَواتي

ورَجِعْــتُ أَبْحثُ عن ظِـلالِ مُعَلّمٍ

مــا زالَ يَغْســلُ صَوتُــهُ عَتَباتــي

يــا صَوْتَــه المُمتــدَّ مِثــلَ حَديقــةٍ

فيهــا زَرعــتُ تلَعْثُمــي وشِــكاتي

يــا حُزنَــهُ ويــداهُ مُتربتــانِ مِــن

طَبشــورهِ والعُمــرِ والحَسَــراتِ

مــا زالَ طَعْـمُ دخانــهِ رَطِبــاً بفُــم

صانــي ومُختلطــاً بطيــنِ حَياتــي

عَـيْـنـاهُ ســاقيــةٌ دَفَـنْـتُ بِسرِّها

لُعَبــي وبعــضَ دفاتــرٍ وَقِحــاتِ

قَلَـمُ الرّصاصِ رســمتُ فيهِ بُحَيْرةً

وغرقــتُ لَوْ لَـمْ تنتفـضْ مِمْحاتي

ورَسَمْتُ شَمْساً تســتَحي من أهْلِها

ومَراعِيــاً خُضْــراً وسِــرْبَ قَطاةِ

ورَسَــمْتُ أغنامــاً تَســير وراعيــاً

يلْهو وفـلّاحيـنَ نِـصـفَ عُــراةِ

ورسمتُ رائحةَ الحَصادَ ووَجْهَ حَقْ

لٍ مـثـقلٍ بـالقَـمح والـبَـقَـراتِ

ونسـيتُ أنَّ الوقـتَ ضَوْءُ فراشـةٍ
فرجعـتُ لا رَسْـمي ولا قُبُلاتـي
فالحَـرْبُ تَفْقِسُ في دفاترِ رَسْـمِنا
وتخُـطُّ مَقْبـرةً علـى صَفَحاتـي
فالحقلُ صارَ مُعْسـكراً والنَّهْرُ صا
رَ ضفادعـاً والقَـمْحُ لِلفَـلَواتِ
وعجبـتُ للفـلّاحِ تحمـلُ كَتْفُـهُ
رشّـاشـةً بـدلاً مـن المِسْـحـاةِ
فرَسَـمْتُ نصـفَ مدينـةٍ مَهْجورةٍ
أكَـلَـتْ أزقَّـتَـهـا يَـدُ السَّـرفـاتِ
ما ظَـلَّ من حَجري ومِـن كَلِماتي
كـرّاسـةٌ لـلـرّسـمِ دونَ حَـيـاةِ

أحتــاجُ عُـمـراً ثـانيـاً لأجيـدَ ثا
نـــيةً رسـومَ الشَّــمْسِ والفَتَــياتِ
لأنـــامَ نصــفَ اللّيــلِ لا قَلَــقٌ يسـا
ورنـــي ولا نَـدمٌ علــى طُرُقاتــي

2012

مِنْ ذاكرةِ العَشاء

سـلِّمْ عليها، وقـلْ: لِلآنَ لَـمْ يَمُتِ
لـلآن يضحكُ في زهْـوٍ وفي ثِقَةِ
وقـلْ لها تتـركِ الأبوابَ مُشـرعةً
فقد أجيءُ ونصفُ اللّيلِ في شَـفتي
وقـد أمـرُّ علـى أحْزانهـا مَطَـراً
فَلْتنتظـرْ .. ربَّما .. فالوَقتُ لَمْ يَفُتِ
وربَّمـا فجـأةً أنسـلُّ فـي شَـغَفٍ
فـلا تلمّيـنَ يـا أمّـاهُ أغْطيَتـي
ولْتسـتريحي قَليـلاً، أنْـتِ واقفَـةٌ
مُنْذ البُـكاءِ، فديري الوَجْهَ والْتَفِتي
وعاتبي "طاسةَ الماءِ" التي انْسكَبتْ
خلفَ الخُطى، واسْأليها، رُبّما سَهَتِ

أرجــوكِ نامــي قليلاً، أنْــتِ مُتْعبةٌ

وبــابُ قلبـكِ مَفْتــوحٌ علــى رئتي

أرجوكِ نامــي، فهذا اللّيلُ مِنْشَـفَةٌ

هيَّا امْســحي آخرَ الأحزانِ وانْفَلِتي

واستَبْشِــري يا أعزَّ النّاسِ، إنَّ فتىً

تركتــهِ عندَ بــابِ الفجرِ بَعْـدُ فَتي

لكنّمـا كَســرةٌ للنّــومِ يزرَعُهـا

فــي حِضْنكِ الدافِئ المبتــلِّ بالدَّعةِ

يغْفــو كأقْرانــهِ الآتيــنَ مِــنْ تَعَبٍ

كأنَّهــم سُــفنٌ مِــن رِحْلــةِ الشَّــتَتِ

القادمــونَ إلــى الدُّنْيــا وفــي دَمِهِمْ

نَــذْرٌ لــكلِّ وَلِــيٍّ مَــرَّ مِــنِ شَــفَتي

نَــذْرٌ إذا وُلــدوا، نَــذْرٌ إذا كَبِــروا

نَــذْرٌ إذا دَخلــوا بابــاً لِمَدْرَســةٍ

نَــذْرٌ إذا كَتبــوا أسْــماءَهم، وبَكَوْا

مِنْ واجــبِ البَيْتِ، أو عَيْنَــيْ مُعَلِّمَةِ

نَــذْرٌ إذا داعَبَــت ريــحٌ مَواسِــمَهُم

أو اسْتباحَتْ صِباهُم ضِحْكةُ امْرَأةِ

نَــذْرٌ ونَــذْرٌ ونَــذْرٌ ثــمَّ آخِرُهــا

تأتي الحُروبُ عَروســاً آخِرَ السَّنَةِ

كأنَّمــا هــذهِ الدُّنيــا خُطــى امْــرأةٍ

خَرْساءَ، لا سَمِعَتْ شَكْوى ولا رَأتِ

ولا مَشَــتْ في أَغانيهم، ولا وَقَفَتْ

فــي بابِهم، أو على شُــبّاكِهِمْ غَفَتِ

وَقْفٌ على طُرُقاتِ المَوتِ أرجلُهُم

وبَحْـرُ أحْزانِهِـم سـاهٍ بـلا ضِفَةِ

يمتـدُّ فيهـم ويَنْسـاهم ويُرْبِكُهـم

لا البَحْـرُ ملَّ ولا الغَرْقى قَدِ انْتَهَتِ

تَحـدَّروا مـنْ نَـواعٍ قيـل إنَّ بهـا

زاداً يُغـذِّي اليَتامـى دونَمـا مِنَـةِ

وهاهُـمُ كَبِـروا، فيمـا طُفولتُهـم

خلْـفَ المَواعيدِ والأشْـجارِ واللُّغَةِ

وخَلْـفَ أحْزانِهم كانـتْ خَرائطُهُم

وعندَما افْتَرَشوها الأرضُ خَضَّرَتِ

مـا خَيَّبوا ظنَّها يومـاً ولا ارْتَكبوا

شَـيئاً سـوى مِيتَةٍ في حِضْنِ مِئذَنَةِ

أتسـمعينَ حَديثـي؟ هـؤلاءِ أنـا

مَنْ فزَّ فـي مَوْتهِ، أو نامَ في رِئَتي

فجفّفِــي ضِـحْكتي، حتّى إذا اكْتَمَلتْ

عَصىً، تعالَيْ، وهِشِّي غَيْمَ أسئلتي

وكذّبِيهــم جميعــاً، في يَدي شَــجَرٌ

يَلْهــو، وفَــوْقَ ذُهولي غَيْمــةٌ نَمَتِ

لَــمْ يَصْلُبونــي، ولكنْ شُــبِّهتْ لَهُمُ

وهــا أنــا الآنَ حُرٌّ فــوقَ مِقْصَلَتي

وهــا أنا الآنَ فوقَ الجِســرِ مُنتظِرٌ

أهْلــي الذيــنَ بــلا نَــوْمٍ ولا سِــنَةِ

أُدنــيْ البُيــوتَ إلَيْهم وهــي مُتْعَبةٌ

وتنقــلُ الظِّــلَّ والأطفــالَ أوْرِدَتي

ســلِّمْ عَلَيْها وقلْ أبْصَرْتُ ضِحْكَتَهُ

فما يَزال الشَّــقِيُّ السَّــمْحُ لَــمْ يَمُتِ

حُدودُ الذّاكرة الطّينية

أحلمُ أنْ أفقدَ ذاكرتي هذا اليومْ
أَسْتَيقظُ كالعادةِ بعدَ صلاةِ الفَجرِ بِعشرِ دقائقَ
لكنّي لا أعرفُ ماذا أَصنَعُ
أُبصرُ أطفالاً حلوينَ
يدورونَ عليْ
وأرى امرأةً تَبْكي وتَنوحْ
لكنّي لا أعرفُهُم
يَدْنو أصْغرهُم منّي
ويقبّلُني
ويقولْ:

بابا

هيّا نلعبْ لُعبَتَنا الأجْملْ

بابا... يبدو أنّك تَنْسى

أنتَ حِصاني الأفْضَلْ

لكنّي لا أفْهمُ ماذا تَعْني هذي الكلماتْ

اللُّغة انطفأتْ يا ربِّي

والذّاكرةُ شَتاتْ

التمَّ الأهلونَ حواليَّ

ونادوا كلَّ صديقٍ أعرفُهُ

البَيتُ يموجُ بأشكالِ النّاسْ

لكنّي لا أعرفُ هذي النّاسْ

لا أتَذَكَّرُ أحداً منهم أبداً
أسمَعُهم يَحكونَ فلا أفهَمُهم
لا أسمعُ إلّا أصواتاً تصدُرُ منهم
النّاسُ هُنا أصواتٌ أصواتٌ أصواتْ
اللُّغةُ انطفأتْ يا ربِّي
والذاكرةُ شَتاتْ

قالوا: إسْمعْ
هذا كانَ الأقربَ من بينِ جميعِ الأصحابْ
علَّك تفهمُ ما يَحْكيهِ إلَيْك
لكنِّي لا أفهمهم أبداً
فدنا منِّي ذاكَ الأقربُ منْ بَيْن جميعِ الأصحابْ

وراح يُحدّثُني ويُحدّثُني

حتّى ذابَ الوقت الفِضّيُّ على شَفَتَيْه

وذابْ

وظلَّ يُثَرْثِرُ مكتئباً ويقولْ:

يا مَجنونْ

كيفَ نَسيتَ العالمَ في خمسِ دقائقْ؟

كيفَ نَسيتَ النَاسْ؟

كيفَ نَسيتَ الكلمات؟

وظلَّ يحدّثُني عن أسفارٍ مرَّتْ

ويعدِّدُ أسماءَ نساءٍ كُثْرٍ

ويقولْ:

حاولْ أنْ تَتَذكَّرَ شيئاً

يا مَجْنونْ

يبدو أنَّ الليلَ على شَفَتيْكَ

سيَغْفو ويَطولْ

لكنِّي لا أعْرفهُ

لا أفهمُهُ

لا أفهمُ غيرَ الصَّمتِ كَلامْ

قَدْ ملَّ صديقي منِّي

عاتَبَني وشَكا

قبَّلني في خَوفٍ هذي المرَّةَ

قبَّلني وبَكى

ومَضى اليومُ الأوّلُ

وأنا لا أتذَكَّرُ أني كُنْتُ هُنا

لا أعرفُ مِنْ أيْنَ أتَيْتْ
أو ماذا أفعلُ في هذا البَيْتْ
في تلك اللّحظةِ
أَحْسَسْتُ بأنّي عَطشانٌ جدّاً
لكنّي لا أعرفُ أنَّ الماءَ سَيُرْوي عَطشي
أو أصدُقُكم قَولاً
لا أَعْرِفُ أنَّ الماءَ هو الماءْ
وبقيتُ أُداري عَطَشي بالنّظَراتْ
الماءُ قريبٌ جدّاً منّي
الماءُ يُرَشْرِشُهُ عَبثاً وَلَدي
ويرشُّ الماءَ على الحيطانِ
ويَرْمي الكوبَ إلى الشُّرُفاتْ

وأنا أَحلُم بالماءِ على الكَلِماتْ
لكنَّ اللُّغةَ انْطفأتْ يا ربّي
والذّاكرةُ شَتاتْ

ومَضى يَوْمٌ ثانٍ.. عاشِرْ
وأنا ما زِلْتُ بذاكرتي الطّينيةِ مَبْلولا
لا مُنْدهشاً بضياعِ العُمْر ولا حائرْ
لكنّي أغْفو مُنْتَصَفَ اللّيلِ قليلاً
فأرى أَحْلاماً كُثْراً
ووجوهاً تَرْكُضُ كالخَيلِ بذاكِرتي
ووجوهاً أخرى تَضْحكُ أو تَبْكي
ونساءً يَلْعَبْنَ بطينِ الأيّامِ الأولى

الحُلْم قَصيرٌ جدّاً

لكنَّ النّاسَ كثيرونْ

أتحدَّثُ في الحُلْم كَثيراً

أتذكَّر كلَّ وجوهِ النّاسْ

لكنِّي فزِعاً أنْهضُ من نَوْمي

وأحاولُ أنْ أُمْسكَ بالكلماتْ

لكنَّ الأحْلام انْفرَطَتْ لَحْظتَها

ووجوهُ النّاسِ بلا كَلِماتْ

حاولتُ مِراراً

لكنَّ اللُّغة انْطفأت يا رَبِّي

والذّاكرة شَتاتْ

ها أنا وَحْدي

بعد شهورٍ مرَّتْ

ما زلتُ على هذي الحالْ

مركوناً في أقْصى زاويةٍ في البيتِ

كأيِّ أثاثٍ مَكسورٍ

تُهْمِلُهُ سَيّدةُ البيت

ولكنْ

يتمَسَّك في أذرُعِهِ الأطفالْ

ما زلتُ على هذي الحالْ

حتّى ناداني الولَدُ البِكْرُ

وقالَ تَعالْ

ولدي في الصفّ الثالثِ في مَدْرسةٍ قُربَ البَيْتْ

فأتيتْ

أجْلَسني ما بَيْنَ يَدَيْهِ

وراحَ يفتّشُ عن أقْلامِ رَصاصٍ

ودفاترَ مُهمَلةٍ

وكتابٍ للصفّ الأوّلْ

الخَلْدونيةُ في الصفِّ الأوّلِ واضحةٌ جدّاً

قالْ:

أبتي

رَدِّدْ هذا الحَرْفَ معي:

آ آ آ

فخجلتُ من الطفلِ العابثِ في ذاكِرتي

وبدأتُ أردِّدُ:

آه آه

ردِّدْ يا أبتـي:

باءْ باءٍ

وأنا كالطّفلِ أردِّدُ

باءْ باءْ

ولدي يَضحكُ مَزْهُوّاً

وأنا أتعلّمُ هذا الحرفَ المَطْمور بطينِ حكايَتِنا

باءْ باءْ

وأردِّدُ باءً باءْ

وراحَ يردِّدُ بعضَ الكلماتِ بهذا الحَرْفِ

وأمسكُ مَزهُوّاً بيدي

وكعادتهِ وَلَدي

راحَ يُلحُّ عليَّ ويصرخُ أحياناً

ردِّدْ يا أبتي

ردِّدْ

بَلَدي

بَلَدي

وبدأتُ أردِّدُ

لكنّي لم أكملْ هذا المِشوارَ الصَّعْبَ

عثرتُ بأوّلِ حَرفٍ

وتذكّرتُ بأنَّ الكلمة قد مَرّت يوماً في ذاكِرتي

حاولتُ ولكنْ عَثرتْ ثانيةً لُغَتي

من دسَّ الليلَ بذاكِرَتي؟

من أَنْساني بَلَدي؟

أفلتُّ يَدي

وبَكَيْتُ كثيراً

حاوَلْتُ

ولكنْ وَلَدي

2012

آدم

أبتي يا أبتي آدمْ
ماذا أحْسَسْتَ
وأنت تفتحُ عَيْنَيْك لأوّل يَومٍ
كَي تكتشفَ العالمْ
أبتي آدمْ
وبماذا كنتَ تفكّرُ يا أبتي
أحْلُمُ أنْ أدخلَ قلبَكَ هذا اليومْ
لأفتّشَ عن تلكَ اللّحظاتِ الأولى
حيثُ العالمُ يَخرجُ من بَيْضتهِ مَغْسولا
يَخرجُ مندَهشاً وقَليلا

كيفَ خرجتَ إذن يا أَبتي؟

هَلْ كنتَ صَبيّاً مِثْلي في يومٍ ما؟

هَلْ مَرّت فيكَ مراهَقةٌ وحشيّةْ؟

هَلْ كنتَ تخبّئُ رأسَك في حِضْن امرأةٍ ما؟

هَلْ كنتَ تقبّلُ أُمَّك يا أبتي؟

عَفْواً

هَلْ تَعْرفُ طَعْمَ الأمّ؟

إنّي أَرثي وحَشْتَك المَجنونةَ يا أبَتي

ولهذا أنْت صنعتَ جَميلاً

حينَ أكلتَ التّفاحةَ يا أَبَتي

2009

آدمُ الأخير

قصيدةٌ مهداةٌ إلى آخر شخصٍ في هذا العالم.. إلى "آدم الأخير"

ما الذي يفعلُهُ آدمُ في هذا الفراغِ المرِّ
ماذا يسمعُ الآنَ
ومن يسمعُهُ في لحظةِ الغَيبِ النّهائيَ
وعن ماذا يقولُ
هدأَ العالمُ من ضجّتهِ الكُبرى
وفزَّتْ بَيْنَ عَيْنَيْهِ الطُّلولُ
آدمُ المَنْسيُّ في خاصرةِ الوقتِ
وحيداً كالبداياتِ

ومَنْسيّاً كبيتٍ لم يُقلْ يوماً

وملقىً في ترابِ العُمرِ

عافتْهُ الخُيولُ

ما الذي يفعلُه آدمُ في هذا الفراغِ المُرِّ

والناسُ جميعاً غادَرت

أصحابُهُ انحازوا إلى التّيهِ

وأغْرَتْهم فراشاتُ الغيابِ الأبيضِ الفضّيِّ

فامتدّوا مع السِّحْرِ وغابوا

هدأَ العالمُ وانسابَ من الغَيْبِ الضّبابُ

كلُّ ما في هذهِ الأرضِ

سؤالاً تائهاً يبقى

وبُلداناً يُغطّيها التّرابُ

آدمُ النّاجي من المَوْتِ

وحيداً يَسألُ البَحْرَ

ويُلْقي للبناياتِ عَصاهْ

وَحْدَهُ يَمْشي

فلا حُرّاسَ في الأرضِ

ولا طيفٌ يَراهْ

آدمٌ يملكُ هذا الكونَ

هَلْ آدمُ مَنْسِيٌّ على خاصِرةِ الوَقتِ

أَجِبْني يا إلَهي

أمْ تُرى آدمُ تاهْ

لمْ يكنْ يركلُ هذي الكرةَ الأرضيّةَ الآنَ سِواهْ

آدمُ يخرجُ من بيتٍ لِبَيْتْ

آدمٌ تَدْنو له الأرضُ

البناياتُ

البيوتُ

القِممُ العاليةُ

النّبْعُ

البُحَيراتُ

السّفوحُ

وَحْدَهُ يملِكها الآن

ويَنْساها جميعاً

آدمُ الآنَ وريثُ الأرْض

لا يُشركهُ شيءٌ

ولا تَفْهمُ مَنفاهُ الشّروحُ
ضيَّعته المُدُنُ الخَرْساءُ
واغتالَتْ أغانيهِ الفُتوحُ

آدمٌ يملكُ بُلداناً
ولا يَفْهمُ ما مَعْنى بلدْ
الحُدودُ ارتبكتْ في كَفِّهِ
وتلاشى حَرسٌ في رأسهِ مَرُّوا
فغنَّى
وكأنَّ النّاسَ غَنَّوْا مَعهُ
هكذا غنَّى بلا صَوتٍ
وأما النّاسُ فكانوا لا أَحدْ

....

وَحْدَه يَصرخُ في لَيلِ المَحطّات اسْتَفيقوا

أيُّها النّاسُ القديمونَ اسْتَفيقوا

أيُّها المَوْتى اسْمَعوني

واسْتَفيقوا

ما الّذي يَفْعلُهُ آدمُ

والنّاسُ من المَعْنى أُريقوا

لَمْ يُصَدِّقْ

أنَّ ما يَجري على النّاسِ جَرى

لَمْ يُصَدّقْ أوَّل الأمْرِ الحَقيقة

رُبَّما كانتْ دُعابةْ

أنْ يموتَ النّاسُ قبلَ المَوْتِ

ما أنْ يُدْفنوا

حتَّى يَقوموا هازئينْ

لَمْ يُصدِّقْ

أنَّ ما يَجْري جَرى

ولهذا كَتَبَ النَّهرَ

قريباً من أغانيهم

ولكنَّ القُرى

أَسلَمَتْ أشْجارَها لِلْمَوْتِ

باعَتْ سُكَّرَ الحُزنِ

الذي يُؤكلُ يوميّاً

وباعَتْ

فاشْتَرى

آدمٌ ينظرُ في ساعتِهِ الآنْ

آدمٌ ينظرُ في ساعتِهِ الآنَ ويقلقْ

ما الذي يُقلِقُهُ الآنْ

وكلُّ الوقتِ مفتوحٌ لَديهْ

لا مواعيدَ لِكي يذهبَ مَحْموماً إلَيْها

أو صديقاً ظلَّ في زاويةِ المقهى

فعافَ النّاسَ وانْسلَّ إلَيْهْ

ليسَ في نيّتهِ بَيْتٌ

إذا ما انْتَصفَ اللَيلُ

سيختارُ سَريراً

ثم ينقضُّ مع النومِ عَلَيْهْ

آدمٌ يملكُ كلَّ الوقتِ

لكنَّ الزّمانَ السائلَ الآنَ يِجفُّ

وعلى آدمَ أنْ يفهمَ

هذا الوَقتَ

هَل كانَ لهُ يَوماً

أمِ الوقتُ عَلَيْهِ

آدمٌ تجرحُهُ الوَحْشةُ

في هذا الفَضاءِ الواسعِ المُمْتَدِّ

من أقْصى المُحيطاتِ

إلى آخرِ ظلٍّ في الزّمنْ

من تُرى يملكُ مَنْ؟

الفَراغُ الموحشُ المُمْتَدُّ

أم آدمُ مَنْ يملكُ

لكنْ دون أنْ...

آدمُ يرحلُ في التّاريخِ
مبتلاًّ بأمطارِ الحَكاياتْ
ومُلْتَفّاً
بقمصانِ النبيّينَ الهُداةْ
لم يكنْ يُشبههُ في حَيْرة المَنْفى
وفي مَعْنى الضّياعِ المُرِّ
إلَّا آدمُ الأوّلُ
ما قبلَ النَّهارْ
آدمُ يسخرُ مِنْ حَيْرَتِهِ الآنَ
ويستلْقي على ظهْرِ جِدارْ
هل تُرى سوفَ يُعيدُ اللهُ
نفسَ اللّحظةِ الأولى

ويُعْطي آدمَ الأسماءَ
كيْ يَنْجحَ في الدّرسِ
على كُلِّ المَلائكْ...؟

أم تُرى آدمُ لا يَعْنيهِ
في هذا المَتاهِ الغَضِّ
إلَّا أنْ يَرى
طَيْفاً لِمقهاهُ القَديمْ
أو يَرى أطْفالَهُ
يَلْهون في بَيتٍ صَغيرْ

لَمْ يكنْ يؤلمُهُ شيءٌ
سوى ما يَمْلِكُ الآنَ

من الأرضِ
وآلافِ الحَدائقْ

لَمْ يكنْ يُغريهِ في هذا المَتاهِ الغَضِّ
أنْ يَغْدو نَبيّا
وهو لا يَعرفُ بالضّبطِ
لماذا غادرَ النّاسُ سريعاً
حفلةَ التَّوديعِ
في سُكرٍ
وعافوهُ على المَدْرجِ حَيَّا
آدمُ الآنَ وحيدٌ في المَتاهاتِ
ولا يفهمُ شيَّا

كيفَ ماتَ النّاسُ في الحَفلةِ
فيما آدمُ
ظلَّ على الموتِ عَصِيًّا

تذبلُ الآنَ على بابِكَ يا آدمُ
أشكالُ اللُّغاتْ
أدمُ الوارثُ حُزنَ النّاسِ
والمُمْتلكاتْ

آدمُ جاعَ
فمن يُطعمهُ اللّيْلةَ زادا؟
مَنْ يُغَطِّيهِ؟
ومَنْ يَهْتِفُ لَبَّيْك
إذا آدمُ نادى؟

آدمٌ يَخرجُ من باريسَ أو روما
ومِنْ كُلِّ العَواصمْ
يزحَفُ الآنَ إلى البَحْرِ
المُحيطاتِ
فما مِنْ غَرَقِ الوَحْشةِ عاصِمْ

ربِّ مَنْ أنتَ؟
وأيْن الآنَ ألْقاكَ؟
وما في هذهِ الأكْوانِ إلَّاكَ
وهذا التّائهُ
المَرْمِيُّ في الخَوْفِ غَريقا
(كُنْ ولَوْ يوماً
لِمَنَ تأكلُهُ الوَحشةُ يا ربِّ صَديقا)

حاولِ الآنَ

بأنْ تُنزلَ للتّائهِ

أو أنْ تأمرَ الرّيحَ

بأنْ أصعدَ مَلْهوفاً إليكْ

رُبّما أغْفو

ولَوْ لَحْظةَ دفءٍ

في يَدَيْكْ

ثُمَّ أنْسى

أنّني وَحْدي

ولا أسمعُ إلّاك يُناديني

تَرجَّلْ

هذهِ الوَحْشةُ يا آدمُ

لا تَحْزنْ

ولا خَوْفَ عليكْ

غَيْرَ أنّي خائفٌ

يعبرُني اللّيلُ

ويَذروني الصَّباحُ

لَيْس في كفّيَ إلّا

حفنةُ العُمرِ الّذي تاهَ

وأصْواتُ الذينَ

اخْتَصَروا الدَّرْبَ

وراحوا

آدَمٌ يَحْسدُ مَنْ ماتوا

فَقدْ عافوا التّفاصيلَ

الّتي تأكلُ في القَلْبِ

وما إنْ صافَحوا الغَيْبَ اسْتراحوا

آدمُ يَخْرُجُ مِنْ حَيْرَتِهِ الكُبرى

ويَمْشي

لا عَناوينَ لَدَيْهِ

أو فَناراتٌ تُدَلّيهِ

ولكنْ كانَ يَمْشي

آدمُ يتّجهُ الآنَ إلى ضَوْءٍ بعيدْ

إنَّهُ ضوءُ المَحطّاتِ

التي تهجرُها النّاسُ

وأحزانُ القِطاراتِ

التي تَرحلُ مَلأى بالفَراغاتِ

وباللّيل الطويلْ

آدمٌ يفتحُ أبوابَ المَحطّاتِ ويدخلْ
ولَقدْ أغراهُ أنْ يَركبَ مَزْهُوّاً قِطارا
وَحْدَهُ دارَ المَفاتيحَ وسارا
مَلأ اللّيلَ صَفيراً ودُوارا
علَّ شَخْصاً
زارعاً في وَجْنةِ اللّيلِ انْتِظارا
ربَّما تَستيقِظُ الآنَ القُرى
مِنْ نَوْمِها
أو تَلْبسُ الضِّحْكَةَ
أكْتافُ الصَّحارى
آدمٌ سالَ بِهِ "الرّيلُ"
وعَدّاه النَّهارا

ثمَّ عدَّاهُ دِيارا
كذباً كنَّا نُسَمِّيها دِيارا

آدمٌ دارَ على كُلِّ المَحطَّاتِ
ولَمْ يبصرْ سوى
ما تتركُ الحَيْرةُ في الرّوحِ
فألْقى آخِرَ الأسئلةِ الحَيْرى
وغَطَّى حُزْنَهُ البَرّيَّ في اللَّيلِ
وحطَّ الليلَ والوَحْشةَ في الكيسِ
وألْقى العالَمَ التّائهَ فوقَ الظَّهْرِ
ما إنْ حَمَل الكيسَ اسْتَدارا

آدمٌ تاهَتْ عَلَيْهِ الأرْضُ

لا يَعْرفُ إنْ سافَرَ

أو ألْقى الحُمولاتِ وعادَ

وَحْدَهُ ظَلَّ على الأرضِ يَدورُ

تائهاً في آخِرِ العُمرِ يَدورُ

أرَّقتهُ المُدنُ الفارغةُ الآنَ

وأَغْرتهُ على المَوْتِ القُبورُ

الهُدوءُ النّاعمُ المُنْسابُ في الرَّمْلِ

وما يُمْطرهُ الغَيْبُ على الأرواحِ

حَيْثُ العالَمُ المَسْكونُ بالدَّهْشةِ

قَدْ عانقَهُ اثنانِ

غِيابٌ وحُضورُ

لَمْ يَكُنْ يزعِجُهم شَيْءٌ

رقادٌ دائمُ الخُضْرةِ

لا يَجرحهُ الوَقتُ

ولا يوقِظهُ إلَّا النُّشورُ

ما الذي ينطرُهُ آدمُ

والمَوْتى يُنادونَ عَليهِ

آدمُ اسْتَعْجلْ

على الرُّغمِ منَ الوَقْتِ الذي لا وَقْتَ فيهِ

قَدْ مَلَلْنا

رُغمَ أنَّ الرّملَ لم يَجْرحْ

ولكنَّا مَلَلْنا

أدعياءٌ كثُرٌ قَد جاورونا

وصَعاليكُ عُتاةُ

وملوكٌ عَرفوا النَّومَ هنا

وافترشَ الرَّملَ طُغاةُ

آدمُ اسْتعجلْ

بماذا سَوفَ تُغريكَ الحَياةُ

لَمْ يكنْ يَسمعُهم آدمُ

لكنَّ الطّريقَ الآنَ لِلْموتِ قَصيرُ

آدمٌ طَيرٌ

ولكنْ لا يَطيرُ

آدمٌ لم يبصرِ التّاريخَ

إلّا حجراً ملقىً أمامَهْ

كلُّهم صاحوا عليهِ

استعجلِ الآنَ

لقدْ أجَّلتَ يا آدمُ ميعادَ القيامَةْ

2017

مَرْثِيّة البَحر

هم يســألونكَ من هذا الـذي نَزَفا؟

فقــلْ لَهم: نــاذرٌ في المَــوت أنْ يَقِفا

وقــلْ لَهم ملَّ ســرَّ البحــرِ مُختبئاً

فـراحَ يســألُه: هــلْ مُــتَّ؟ فاعْترَفا

عطشــانُ تــورقُ في عَينيــهِ مَقبرةٌ

وتوقــظُ الرّيــحَ مَيْتــاً في دِمــاهُ غَفا

تلتــمُّ كلُّ مراياهــمْ بســاحِلِهِ

فكادَ أنْ.. ثمَّ صاحَ الموتُ منهُ: كَفى

هــمْ يســألونكَ عنّــي فاســتعرْ لغةً

أخرى إذا شــئتَ أنْ تنثــالَ أو تَصِفا

قــلْ إنَّــه آخــرُ الفتيــانِ فــي دَمِــهِ

يَجــري النّخيــلُ فأخْفــى دَمْعــهُ أنِفا

كُلُّ الجراحِ استفاقَتْ وارتمتْ خَجَلاً

تعـذَّرتْ فأبـى واسْـتعطَفَتْ فَعَفـا

قـلْ إنّـه حامـلٌ كفّاً متى مَسـحَتْ

خَـدَّ الليالـي أفـاقَ الفجرُ وانْكَشَـفا

1997

كَهْفُ العُزلة

يوماً سنخرجُ من مَنازِلنا
وندفعُ صخرةً رقدتْ على هذي الكُهوفْ
سنسيرُ في الطُّرقاتِ
يحضنُ بَعْضُنا بَعْضاً
ويسألُ آخرونَ عن الحَقيقةِ
كَمْ لَبِثْنا في الحَكايةِ؟
لَمْ نُجبْ شيئاً
ولا نَدْري لماذا نَحنْ في هذي الحِكاية عالقونْ
سنسيرُ
لكنَّا نُحاول أنْ نُفَتّش عن مَدينَتِنا
ونفتحُ بابَ هذي الأرضِ ثانيةً

لندخلَ في شوارِعِها
ونأكُلَ مِنْ مَواسمِها
ولكنّا على طُرقِ المدينةِ خائفونْ
كنتُ اشْتَهَيْتُ سيكارةً
فذهبتُ للبقّالِ
كيْ أبتاعَ تَبْغاً
في يَدي بعضُ النّقودِ
وفي دَمي تَبْغٌ قديمٌ لَم أجدْهُ
وظلَّ يسخرُ ذلك البقَّالُ من هذي النُّقودْ
ويقولُ لي:
من أيِّ عَصْرٍ جئتَ
من أيِّ الكُهوفْ؟

يَحكي ويَضْحك خائفاً منّي
ماذا تبيعُ إذن؟ مَحَلَّكَ فارغٌ؟
لا شيءَ في هَذي البِقالَةِ
غيرُ شبَّانٍ مُعلّقةٍ على كُلِّ الرُّفوفْ
ورجعتُ مُنْكسراً لأصْحابي
أحَدِّثُهم عَنِ السّوقِ الغَريبِ
وعَنْ نقودٍ لم تَعدْ تَجري
اذا امْتلأتْ بها هذي الكُفوفْ
ماذا سَنفعلُ يا إلهي؟
والوقتُ يذبُلُ في شِفاهي
وأنا وأصْحابي
يُسلّمنا المَتاهُ إلى مَتاهِ

2021

الشّاعر

دلَّني يا بائعَ الوجدِ الطَّريقا

أنا أنهَيْتُ المواعيدَ

وأكْملتُ الحِكاياتِ

وجَهَّزتُ الحَريقا

خطأٌ في أوّلِ الدَّربِ

وحاولْتُ.....

ولكنّي خَجولٌ

هَزَمَتْني الأغنياتُ السُّمرُ

وانثالَتْ على المَعنى الغواياتُ

فشرَّقتُ وغرَّبتُ

أسيراً وطَليقا

لا تَلُمْني أيُّها اللّائمُ
مَنْفيٌّ على سورِ البَساتينِ
ولا بَحْرَ بِكَفَّيَّ
لكنَّي قَضَيْتُ العُمْرَ
مَرْمِيّاً على الرّمل غَريقا
مَنْ تُرى قالَ إنّي
أزرعُ الحِكمةَ
في النّهرِ
ومَنْ قالَ إنّي ولدٌ طُهرٌ
ومَنْ وشوشَ للنّاسِ
بأنَّا أنْبياءٌ
نرثُ الأرضَ ونُغريها سَحاباً وبُروقا

نَحنُ أبناءُ اللُّغاتِ

انْكسرتْ فينا التّفاصيلُ

فشظّتْنا كثيراً

ثُمّ لمَّتْنا.. وأغْرَتنا

وأعْطَتْنا مفاتيحَ الحِكاياتِ

فَرُحنا نَمْلأ الدُّنْيا زَعيقا

مَنْ تُرى قالَ بأنَّا نَنشرُ الحكمةَ في الأرض

ومَن قالَ بأنَّا نَفْرشُ الدّربَ

لكيْ يَسْلُكُهُ النّاسُ

ليُحْكى بَعْدَ دَهْرٍ

أنّنا قومٌ مَصابيحُ

أنَرْنا الدّربَ زهّاداً

ورَتَّقْنا الفُتوقا

نَحنْ أبناءُ الحَكايا البيضِ

أَغْرَتْنا الغِواياتُ

فَسافَرْنا إلَيْها

ثُمّ لَمْ نَرْجِعْ إلى البَيْت

ولَمْ نَبْلُغْ نِهاياتِ الدُّروبِ الوَعْد

أو نَسلكْ كما النّاسُ الطّريقا

نَحنُ مَنْ تاهَ ومَنْ أحرقَ أطْرافَ النّهاياتِ

فلا عُتْبى عَلينا

نَحنُ أبناءَ المَتاهاتِ

فريقاً حَمل الرايةَ للتّيهِ

وأعْطاها فَريقا

دُلَّني يا بائعَ الوَجْدِ الطّريقا

أنا أنْهيتُ المَواعيد

وأكملتُ الحِكاياتِ

وجَهَّزتُ الحَريقا

دُلَّني يا بائعَ الوَجْدِ الطّريقا

2021

صعبٌ كأسئلة الصغار

حمـل الحَمـامُ رحيلَهـم وأذانــي
ومَضــى ليبحثَ عن ضَريـحٍ ثانِ
كانَ الأذانُ لــهُ قَميـصٌ أَخْضـرٌ
فـإذا الأذانُ لــه قَميـصٌ قـانِ
قِطعٌ مـنَ التّكبيـر مَرَّتْ مـن هُنا
عَطشــى وأشْــلاءٌ مـن الخَفَقـانِ
عـن أيّ أذنٍ أنْـتَ تبحـثُ يـا بِلا
لُ وشمسُكَ انكسرتْ على الجُدرانِ
حتّــى إذا رَجَـعَ النّهـار لأمّـهِ
عـاري اليَدَيْـنِ وحافـيَ الألـوانِ

لَحقتــهُ صِبْيتُنــا لتخلــعَ ثَوْبَــهُ

فــإذا بــهِ جــوعٌ إلــى القُمْصــانِ

رَكضــوا حُفاةً فوقَ أنفاسِ الحَصى

والشّــمسُ حافيــةٌ مــع الصّبيــانِ

هــل بَعدَ هــذا المَوتِ مَــوتٌ ليِّنٌ؟

فيــه الإبــا والــدِّفءُ يَجْتَمعــانِ

مَــوتٌ يشــاركُنا البكاءَ ويَســتحي

منّــا ولَــو فــي آخــرِ النّســيانِ

حتّــى نقــولَ لنــا صديــقٌ طيِّــبٌ

حَملــتْ يــداهُ بــرودةَ الشُّــطآنِ

لتبلّــلَ المــوتَ العَجــوزَ وعندَمــا

تَــنــدى يــداهُ يمــرُّ كــالــهَذَيــانِ

ويلـوذُ فــي أقْصـــى حَكايــا جَدّتي

وإذا يـنــامُ سـتـرحـلُ الـعْـيـنـانِ

ويتيــهُ فـــي حاراتنــا يَوْمــاً وقَــدْ

نَنْســى حِكايتَــهُ مــع الشُّــبانِ

وإذا سُـئـلـنـا عـنــهُ قلـنـا إنَّــهُ

ولَّــى وكانَ الليــلُ خَيــطَ دُخــانِ

وصَحــا الضُّحى لكنَّــهُ ما زالَ في

عَيْنيـهِ أشـيــاءٌ مـن الـسَّـكْـرانِ

نَـظْـراتُـهُ خُـطْـواتُــهُ حَـركـاتُــهُ

وغيومُــهُ المَقطوعَــةُ الأغْصـــانِ

حتّـــى إذا لامَســتُ أحْرُفَهــا يَــنِ

زُّ دَمٌ مــن المَعْنــى إلــى شِـرْياني

ويُحيلُني شـيئاً مِن الفَوضى وأشــ

ــياءً مـن الأخطـاءِ والحِرْمـانِ

صَعبـاً كأسـئلةِ الصِّغارِ وسـاذَجاً

كـبكـائهمْ ومُضـيَّعاً كَرِهــاني

أنــا كلُّ هـذا الليـلِ مِنْ قُبُـلٍ ومِنْ

تَعـبٍ ومِـنْ وحْـشٍ ومِنْ إنْسـانِ

2011

المحتويات